사랑은 찰나였다

사랑은 찰나였다
시산맥 감성기획시선 075

_____

초판 1쇄 발행 | 2022년 1월 20일

지 은 이 | 권옥희
펴 낸 이 | 문정영
펴 낸 곳 | 시산맥사
편집주간 | 김필영
편집위원 | 오현정 강수 최연수
등록번호 | 제300-2013-12호
등록일자 | 2009년 4월 15일
주   소 | 03131 서울특별시 종로구 율곡로 6길 36,
　　　　　　월드오피스텔 1102호
전   화 | 02-764-8722, 010-8894-8722
전자우편 | poemmtss@hanmail.net
시산맥카페 | http://cafe.daum.net/poemmtss

ISBN 979-11-6243-272-3 03810

값 10,000원

* 이 책은 전부 또는 일부 내용을 재사용하려면 반드시 저작권자와 시산맥사의 동의를 받아야 합니다.
* 이 도서의 국립중앙도서관 출판도서목록은 서지정보유통지원시스템 홈페이지(http://seoji.nl.go.kr)와 국가자료종합목록 구축시스템(http://kolis-net.nl.go.kr)에서 이용하실 수 있습니다.
* 이 시집은 교보문고와 연계하여 전자책으로도 발간됩니다.

사랑은 찰나였다

권옥희 시집

* 본문 페이지에서 한 연이 첫 번째 행에서 시작될 때에는 〈 표기를 합니다.

■ 시인의 말

분명 훗날 역사책 한 페이지를 장식할 것이다.
우리 삶에서 2년여가 허공으로 사라진 코로나19
사진첩엔 추억도 없다.
임종도 못 지킨 채 요양원 병실에서
엄마 혼자 쓸쓸히 떠나보낸 아픔만 크게 남았다.
얼마나 힘들고 얼마나 무기력했던가?
그래도 버텨내서 다행이다.

머리 허연 억새가 꽃이 된 건
바람을 안고 살아서다.
가냘픈 몸으로도 당당하고 꼿꼿해질 수 있는 힘
살아가는 동안 숱한 바람과 맞서 싸워야 하는
우리도 그 힘을 얻고 싶다.

2021년 겨울 저물녘에
권옥희

■ 차 례

1부

위대한 소금창고 – 19

동백아가씨 – 20

단추의 원願 – 21

구름의 땅 – 22

맥문동 꽃자리 – 24

시작에 대한 단상 – 25

주름은 늙지 않는다 – 26

봄을 조리하다 – 27

시간을 건너는 반짇고리 – 28

바닥論 – 30

순간이었다 – 32

절규 – 34

붉은 등대 – 36

겨울나무 – 37

실미도, 그 서늘함 – 38

2부

꽃무릇의 이별법 - 43

자작나무 숲에 들다 - 44

접시꽃 사랑 2 - 45

안반데기 그곳엔 - 46

내가 너에게 가서 - 47

가을에 말을 걸다 - 48

메타세쿼이아 - 49

쑥떡 - 50

사랑은 찰나였다 - 52

내 손을 잡아줘 - 54

땅을 보며 걷다 - 56

첫눈 온다 - 57

엄마가 가버렸다 - 58

참 좋은 하늘 - 60

자리 비우기 - 61

3부

달 속에 찍힌 주소 - 65

당신 괜찮은가요? - 66

여름이 지나간다 - 67

어머니의 우물 - 68

위대한 저녁 - 70

배불뚝이 단지 - 71

사랑의 플래카드 - 72

겨울 초입 - 73

흔들리는 골목 - 74

저문다 - 76

잊을 만하면 - 77

나는 포구로 갔다 - 78

그리운 건 거기 다 있다 - 79

이름을 지켜낸 맹개마을 - 80

희망씨앗을 품다 - 82

4부

다행이다 1 — 87

접시꽃 사랑 1 — 88

청송 가는 길 — 89

대나무가 속을 비우는 까닭 — 90

거리두기 — 91

다행이다 2 — 92

눈물 위로 걸어온 시간 — 94

그 가을의 기록 — 96

비가 오는 날에 — 97

안동 간 고등어 — 98

희뿌옇다 — 100

눈 온 날 — 102

12월 — 104

시간의 주문에 묶인 하회마을 — 106

이별의 안동역 — 107

■ 해설 | 문정영(시인) — 109

1부

붉은 동백 꽃길을 적시며
눈물 많은 엄마가 그렁그렁
봄비로 울고 있다.

위대한 소금창고

바다가 거둔 바람길에
나무판자 얼기설기 엮은 소금창고가 있다

소금눈물에 삭은 그곳엔 썩지 않은 시간이 산다

소금밭에 붉은 밑줄을 그으며
짠맛에 찌든 고된 하루를 수없이 뒤집는 그는
눈가에 자글거리는 주름을 창고에 부린다

소금은 짠데 소금창고는 짠내가 없다

소금은 바다의 뼈를 녹인 애간장에서 온다

그 눈물의 짠맛 다 걸러낸 위대한 소금창고에서
그의 하루는 썩지 않고 산다

자르르 윤기 흐르는 내 젊은 날의 둔부 같은 소금무덤

잘 절여진 바람이 흐르는 방향에서
나도 내 가슴에 굵은 소금 팍팍 질러 넣어
썩지 않는 젓갈처럼 삭고 싶다.

동백아가씨

봄비에 젖은 동백꽃이 온몸을 꺾는다
세상과 단절하는 그 소리가 너무나 애절해
떨어진 자리에서 동백은 다시 꽃으로 핀다

얼마나 울었을까?
눈물 닦아내는 수많은 날들을
빨갛게 멍든 그리움들을
무엇으로 잠재웠을까?
여기가 내 자리라며
약속의 자리를 꿰차고 나온 것들
울긋불긋한 꽃이며
여릿여릿한 풀이며
무성한 소문을 목에 걸고 귀를 여는 봄날

동백아가씨를 좋아하던
우리 엄마만 봄의 자리를 비웠다
붉은 동백 꽃길을 적시며
눈물 많은 엄마가 그렁그렁
봄비로 울고 있다.

단추의 원願

해진 시간을 못 이긴 그가 떨어져 나갔다

실이 풀리면서 한세상이 그만 헐거워졌다

단추 하나 없는 옷은 각이 맞지 않은 주름이다
숱하게 채웠다 떨어져 나간 그의 하루가 삐져나오고
소매가 펄럭거리고 허리춤이 흘러내린다

단추 하나 없는 세상이 덜렁거린다

촘촘하게 꿰어온 그의 생활도 조금씩 풀린다
먹은 만큼 나이도 풀리고
실이 삭듯 주름도 풀리고
그는 풀리는 힘으로 고통에서 벗어났다

꽁꽁 묶어두지 않으면 끝날 것 같은 세상
단추 없는 옷자락 속으로 엇나간 시간이 들어오지 못하도록
그는 구멍이 안 보이게 몇 번이고 실을 훔쳐맸다.

구름의 땅

구름을 이고 걷다 구름을 내려놓는다
별이 머리에 앉는다
어둠을 가득 채운 하늘 가까운 산비탈
지금 감자꽃이 한창이다

내게 존재하지 않았던 그 많은 별들로
펑퍼짐한 안반에 생각이 깊어지면
사랑하지 않아도 사랑은 감자꽃으로 피어난다

하늘을 수놓는지
어둠을 수놓는지
가슴 하나로 다 보듬기에는 너무 벅찬 사람들

내가 걸어온 산들이 발아래로 내려앉는다

구불구불 살아온 날들의 고된 역사를
한 권의 책처럼 접어놓은 멍에 전망대는
비탈길 속살까지 다 펼쳐보라 한다

〈
편하고 느리게 구름의 땅에서
하늘과 손잡은 안반데기 사람들의
별이 된 사연을 들어본다.

맥문동 꽃자리

이렇듯 고운 꽃길이 있었으랴

관심 없는 눈길이 닿지 않던 길에
보랏빛 물감을 푼 맥문동 꽃자리가 환하다

긴 꽃자루를 빼 올려 순식간에 건너온
여기 이런 세상도 있다고 환호성을 부른다
내 몸에 붉은 피가 다 빠져나간 듯
꽃을 보는 입술이 파르르 떤다

어디에도 없는 문장을 만들고 싶었을까

꽃길 건너온 네가 더위에 지쳐
꽃 없는 행간에 주저앉을까 봐
기다려온 시간은 네 눈길 밖이었다

그늘이 좋아 그늘을 닮은 꽃

맥문동 꽃밭에서는 사랑에 취해야 한다
이대로 꽃을 베고 보랏빛 세상에 눕고 싶다.

시작에 대한 단상(斷想)

시작은 끝을 드러내지 않는다

흰머리가 머리에 앉기 시작하더니

하얀 털 하나가 반짝하며 눈썹에 앉았다

흰머리의 시작을 부지런히 끊어냈다

파뿌리로 가는 길을 염색으로 완벽하게 차단했다

아니, 흰머리의 비극은 이제 시작이다

내 몸의 가시를 뽑아내듯

백세의 불협화음이 나를 노려보는

나이 밖으로 튕겨져 나와

도리 없이 젊음을 바른다

결코 시작은 끝을 드러내지 않는다.

주름은 늙지 않는다

거울보기 두려운 맨얼굴의 투쟁이다

나는 늙어도 늙지 않는다고
묵묵히 보폭 맞춰 따라준 주름의 길

슬픔도 절여진 짜디짠 소금길 지나
떨어지지 않아 향기로운 꽃길 지나
바닥을 짚으며 다시 못 올 것 같은
눈물의 길이다

거울을 보며 얼굴을 편다

생전 보지 못한 길이 언뜻 보이다 사라진다

내가 묵묵히 살아오며 알고도 얼굴에 새겨낸 길
어디까지일지 모르지만 또 내가 가야 할 내일의 길

그래, 오늘도 눈 밑의 주름을 한 겹 더 순하게 접자.

봄을 조리하다

나는 누구나 사랑하는 택배 아저씨
그녀가 기다릴까 봐 앞이 안 보이도록
짊어진 사랑의 짐이 너무 무겁다
계단을 헛짚을까
봄볕 눈부신 세상으로 흔적 없이 빨려들까
내 것은 하나도 없는 사랑이 캄캄하다

수평을 이루는 그리움은 언제나 각을 이루며
그녀의 무릎에 안긴다
새로운 비밀이 담긴 상자의 균형이 깨지면
애써 세운 사랑의 각이 무너질까 봐

어딘가는 끝이 있겠지
계단 끝에 사랑을 내던지고
복사꽃 환한 계단을 내려서면
땀에 절인 하루가 천근인데
그녀는 얄밉게 돌아서서
봄을 조리한다.

시간을 건너는 반짇고리

온갖 잡동사니 작은 곳간이다
반들반들한 손때가 묻은 반짇고리에
엄마에게서 나에게로 건너온 시간들이
바늘이 꿰고 지나간 길처럼 선명하다

실을 끊어 매듭지어
엄마가 한세상을 훌쩍 건너가고 내가 그 뒤를 따른다

엄마의 눈은 낙타만 했을까
30촉 전등 아래서도 척척 꿰었던 바늘귀
아귀가 잘 맞는 바늘과 실은
삭아서 문드러진 시간을 잘도 꿰맸다

일탈을 바라던 수많은 상처들도
엄마는 말끔하게 정리해 놓았다

옷에서 떨어진 알 수 없는 천 조각
지우고 싶은 슬픔을 메우던 색색의 실들
고장 나고 해진 시간을 어떻게 엮을 것인가

〈
내게로 넘어온 반짇고리를 열 때마다
시대를 자리바꿈한 엄마와 내가
서로의 사랑을 촘촘하게 꿰매고 있다.

바닥論

끝내는 바닥으로 간다
바닥이 싫어도 바닥으로 간다
꽃도 지면 바닥으로 간다
목백일홍 꽃이 바닥을 붉게 물들인다

귓가에 속삭인 유혹은 얼마나 달콤했으랴
그 깊이가 얼마인지 한번 닿으면
다시 못 올 걸 알면서도 바닥으로 간다

나는 너의 바닥을 보았을까
너는 내 바닥을 얼마나 알까
바닥까지 와서 바닥을 짚고서야 여기가 바닥이구나
아무도 도움을 줄 수 없는, 갈 곳 없는 곳이 바닥이구나

추락의 끄트머리에서야 보이는 바닥
발이 바닥에 닿을 때까지 사랑의 재고는 없다

바닥은 다시 길이 된다
탈탈 털려 한계에 부딪힌 정신을 깨우며

바닥에 누운 시간이 일어선다

무너진 바닥에서도 꽃은 핀다

더 이상 바닥에 닿지 말라고
곳곳에 씽크홀이 생겨난다.

순간이었다

안간힘으로 버티며 잡고 있던 줄을 놓은 것은
아무 출렁임 없이 모든 게 빠져나가는 것은

그때 고단했던 날들이 피 흘리는 상처를 노려보았다

줄기가 꺾이고 삶의 회로가 동강 났다고
꽃이 아주 사라지지 않듯이
잠시 바람이 지나가는 것은 놓아야 한다

불안하게 움켜쥐었던 것들이 텅 비었다

채찍처럼 훑고 가는 바람이 아파도
슬퍼 마라, 죽는 것보다는
사는 게 아름답다고 나를 다독였다

이미 슬픔의 의지는 기쁘게 일어서고 있다

절망은 절대로 뭉텅이로 빠져나가지 않기에
실패의 뒤는 돌아보지 않는다

〈
거기 반전처럼 희망이 피고 있다
순간이다!

절규

숙명을 타고 오르는 칡넝쿨의 기세가 등등하다
막다른 벽
불안의 벽
몸을 내준 나무는 숨이 막힌다

저 독불장군의 서슬 퍼런 길에 들어선
빗소리
바람소리
달빛소리
점령군의 말발굽처럼 소리만 들어도 나무는 질색한다

전부를 내준다는 건 참 못할 일이지만
반항하면 끝이다
죽은 듯이 살아가지만
나무는 죽어서도
저 모진 칡넝쿨을 벗어나지 못하겠다

잡히면 휘감아야 하는 너의 숙명에 갇힌

나의 절규를 오늘도 듣는다

숨 좀 쉬고 싶다!

붉은 등대

나는 밤새 바다를 바다이게 하는 불빛으로 지켜보았다

하늘과 바다를 잇는 수많은 이별법
밤낮없이 바다를 드나들던 가벼운 것들의 이별법

어긋난 운명으로 서로를 잡지 못해 한쪽을 놓아버리고
뜬눈으로 바다를 헤집는 집어등이 파랗게 질려갔다

너에게 닿지 못한 내 눈길이 절망으로 가득할 때
다 놓았다 생각한 네가 바다마저 놓으면
나는 어디에서 또 젖은 꿈을 꿀 것인가

오늘 나는 적당히 오르는 파도를 받아들이면서
너를 안은 긴장이 높아졌다 스러졌다

네가 다시 사랑할 내일의 꿈을 안고 돌아간 뒤
나는 밤새 움켜쥔 주먹을 풀며
해가 바다를 삼키는 걸 지켜보았다
붉어진 눈을 감고 나도 쉬어야겠다.

겨울나무

겨울 나뭇가지가 가벼운 바람에도 부러진다

서산을 넘는 붉은 하늘을 가리고
칼바람 이는 들판을 가로질러 섣달그믐이 저무는 때

허공을 나는 새 한 마리 가는 길 따라
헌것을 버리고 새것을 움켜쥔 내일이 온다

눈길에 넘어져 부러진 뼈를 끌어안고
빈 들판에 혼자 견디며 서 있는 겨울나무들

움직임이 멈춘 차가운 몸 안에
화사한 봄이 올라오는 길은 아직 멀다

젊은 피가 몸을 뜨겁게 돌듯 물관부를 관통하며
잎이 무성했던 날들은 얼마나 푸릇하랴

그런 청춘이 있었다고 쓸쓸한 웃음을 짓는

부러진 나뭇가지에 따스한 바람막이 하나 걸쳐주고 싶다.

실미도, 그 서늘함

섬은 바다를 안아야 섬이다

배를 타고 출렁출렁 물결처럼 흘러가서
내 발을 딛어야 비로소 섬이다

세찬 파도에 갯바위 한 귀퉁이가 얼얼하도록
얻어맞아야 섬은 바다에서 벗어난다

실미도, 그 섬의 서늘함은 그들 때문이다
눈빛도 서늘한 남자들의 세계가 펼쳐진 곳

파도처럼 불쑥불쑥 솟던 갯벌은 바다를 밀어내고
견딜 만큼 길을 내준 채 감감무소식이다

아직도 쓰린 먹을 갈 듯 검은 갯벌 위를
바다가 뿌린 씨앗인 칠게들이 가맣게 덮었다

바다는 아직 돌아오지 않았다

〈
서늘했던 사내들의 눈동자처럼 고요에 덮인
섬이면서 바다인 그곳을 빠져나오며
나는 내가 봤던 그들의 마지막 세상

처절했던 기억 한 토막 모질게 덮어두었다.

2부

사랑은 찰나였다
내가 비워둔 자리에
나도 모르게 네가 서 있다.

꽃무릇의 이별법

푸른 이끼 축축한 담장 밑에
붉은 꽃무릇이 아프게 피었다
누구라도 사랑할 그 꽃잎 속에
참 많은 눈물들이 고여 있었다

폭염과 폭우를 피해 짓무른 시간들이
붉은 꽃에 가득 담겨 있었다
잎을 숨긴 대궁으로 꽃 하나 안으려는
이별보다 아프게 여름은 모질었다

사랑으로 받쳐줄 잎을 끝내 못 보고 가는
꽃무릇은 서럽게 붉었다
슬픔을 다 풀어내지 못한 담장 밑은
여전히 어두웠다

그렇게 엇갈린 운명의 사랑
그래서 마음 한쪽이 무너져 내렸다
가장 붉을 때 홀연히 떠나리라는
꽃무릇의 이별은 살을 베는 아픔이었다.

자작나무 숲에 들다

며칠 비에 갇힌 자작나무 숲에 빛이 내린다

활개를 치며 나무들이 품었던 물기를 닦는다

사방으로 퍼져나가는 햇살의 입자들

자작나무 숲에 들어 말을 건넸다

자작자작은 자작나무가 나누는 사랑의 언어냐고

수십 만 그루 자작나무 숲에서는 하늘이 깊다

나도 모르게 하얗게 물드는 꿈을 꾼다

겹겹의 얇은 껍질 사이에 따뜻한 사랑을 채워 넣는다

천년을 살아 종이가 되는 사랑

다시 자작자작 한 나무의 생애가 타는 소리 듣고 싶다.

접시꽃 사랑 2

나를 가장 아프게 하는 이가 있다
여자로 태어나서 바라만 봐도 애처롭던 엄마

나는 엄마처럼 살지 않을 거야

비수로 가슴을 도려내 놓고도
참으며, 웃으며
바보 같은 엄마처럼 살고 있다

오래도록 좋은 것만 주고 싶었다
오래도록 좋은 곳만 가고 싶었다

백 년은 넘깁시다!
백세인생을 노래하며
좀 더 곁에 함께하고 싶다고
연도 맺지 않은 하나님께 간절히 빌었다

내가 가장 닮은 이가 있다
품이 넓은 접시꽃이 되어
사랑밖에 모르는 나비 한 마리 안으려는
가슴 여린 여인이다.

안반데기 그곳엔

어느 날은 구름 속을 파고들었다가
또 어느 날은 구름을 안고 나왔다

바람을 몰고 지나던 구름이 산비탈을 끌어안으면
속을 채우는 고랭지 배추들은 일제히 물결처럼 일어섰다

지난 밤 별들의 이야기가 삭제된 채
굵은 소금만큼 짭짤한 굴곡의 시간들이 가득했다

산비탈에 둘러싸인 안반에 푸른 떡메를 쳐댔다

하늘이 열렸다 닫힐 때마다 쏟아낸 별들이
먼저 간 사람들의 한 생애를 퍼 올렸다

청춘을 돌려달라고 저울질하는 안반데기 그곳엔

별이 되어 사는 사람들의 소금에도 섞이지 않는
눈물 한 됫박 아프게 맺혀 있었다.

내가 너에게 가서

어디에 있다가 우리 이제야 만났을까
하얀색지에 스며들 듯
나에게로 와서 하나가 된 사람

두근거리던 첫 만남
마주 보던 눈동자
언제 사랑이 싹텄을까

달빛 속에서 나눈 뭉근한 이야기가
사랑의 문자가 되고
비 오는 우산 속에 걸친 어깨는
그대로 묶여버리고

멀미 날 것 같은 울렁거림이
꽃향기처럼 번져 나오는
너를 안고 사랑 하나 낳았다

부족한 것은 내가 채워줄 게
아픈 건 내가 약이 될 게
내가 너에게 가서.

가을에 말을 걸다

이쪽도 저쪽도 아닌 경계선이 희미해졌다
계절이 가나보다
느리게 걷다, 서다를 반복한다

길에 붙잡힌 발이 자꾸 더디다

구름 사이에 빠끔히 내민 저녁 햇살이
내게로 와서 따뜻한 말을 건다

이미 마음을 줘버린 길에서
들려오는 말은 없어도 대화가 깊다

가을을 떠올리기 좋은 문장들이
그림자처럼 다가와 나무들 곁에 서 있다

아직은 물기를 말리기 아쉬운
여름 속에서 하얀 팔뚝을 쑥 꺼내어
이별이라 말하는 것들을 움켜잡을 수 있다면
내 굳이 이 가을에 말 걸지 않으리.

메타세쿼이아

딱히 한 것 없어도 가벼워지는 길

너와 나 바라보는 것으로도 족한 길

저 하늘 가까운 우듬지에서 타고 내려오는

바람의 깊이가 깊다

초록으로 기운 옷을 입듯

키 큰 나무들이 입혀주는 임금님의 옷

보이지 않는 나무 사이로 흘러가는 여름은

뜨거울수록 가벼워진다

세상을 두 쪽으로 갈라놓은 듯

키가 커서 보이지 않는 초록 저 너머

붉은 세상이 불볕에 이글거릴 걸 생각하니

이 나무 그늘에서 발 뻗고 앉는 동안은

바람까지 동반한 여름의 서늘한 눈매가 좋다.

쑥떡

햇살 따사로운 양지에서
어매가 봄을 캔다

온천지가 코로나19로 숨 막히는 세상
교회 문은 닫히고 성경을 든 어매는
들녘에서 예배를 본다

답답한 봄날이 무기력으로 흘러갈 때

어매의 봄이 담긴 바구니 가득한 쑥으로
쫄깃한 쑥떡 만들어 사랑 나눔 하는 날

그래, 사람 사는 향기는 이런 게지
평화로이 살아 있음은 축복이지

봄날을 살려고 갓 올라온 쑥들과
봄날을 다 산 여든의 어매가
쑥떡 쑥떡 청춘을 퍼주며 얻은 쑥떡

〈
오랜만에 흐뭇한 어매 모습
봄이었다가
꽃이었다가.

사랑은 찰나였다

하늘빛이 내린다
등 돌린 너의 어깨처럼 서늘하다
며칠째 먹먹한 하늘이 싫어서
나는 바다로 간다

서리가 내린다
내 가슴을 베어낸 너의 말처럼 싸늘하다
며칠째 먹먹한 마음을 달래려
나는 산으로 간다

천천히 속을 비우며
사랑도 지우고 추억도 지우고
그냥 아무것도 안 보이는 먹지처럼
혼자가 되자고 바람을 조른다

바지랑대 몇 개로 지탱된 위태로운 나날들

그까짓 거 완전히 비워내자고
시간의 절벽을 헤매며 찢겨가던 가슴이

너덜너덜해진 뒤에야 낯선 제안처럼
네 모습이 들숨으로 들어온다

사랑은 찰나였다
내가 비워둔 자리에
나도 모르게 네가 서 있다.

내 손을 잡아줘

숱한 겨울 나면서
내면의 껍질은 얼마나 단단해졌을까

굵어진 고갱이마다 바람은 수시로 불어와
악 소리 나도록 세상에 무릎 꿇어가는 나날들

내 손을 놓아버린 것들

하루를 사는 입맛에 맞지 않아도
견뎌내자 품은 희망도 절망 같은 봄날

잠시 잠깐 햇볕 드는 삶이
민들레 꽃자리처럼 가혹해도

내 손을 잡아주는 햇살에 온몸이 다져지면

상처가 남지 않는다기에
날마다 씩씩하게 걸어본다

〈
소리 없이 날리는 꽃잎처럼
내 손을 가볍게 잡아줘.

땅을 보며 걷다

나는 땅만 보고 걷는다

가슴에 채우지 못한 그 무엇이 있어
떨어진 것 하나 없는 땅에 눈이 꽂힐까

화려한 날이 가면 꽃 지듯이
하루하루가 서러운 걸까

담에 붙어 있는 담쟁이는
죽어서 다시 사는 절망으로 하늘을 오른다

바보 같은 나는 살아서 땅만 보며
흙으로 갈 준비를 한다

고개 숙인 눈에 꽂힌 민달팽이의 길

햇살을 보지 못한 길에 흘린 단편의 시간들

걷는 대로 길게 늘어지는 그림자가
민달팽이 뒤를 따른다.

첫눈 온다

혼자 오기 힘들어 바람을 데리고 왔다

몰아치는 바람의 기억 뒤에 서 있는
그 사람 손길이 그립다

힘든 일 잊으라고 가볍게 스며드는
첫눈의 사랑법은 늘 서툴다

아랫목처럼 따스하던 그를 두고 돌아서던 길에
사랑한 기억마저 지워진 건 네가 아닌 나

어디만큼 갔냐고 소리치며
아프게 내다버린 사랑에 눈이 쌓인다

오래된 사랑을 지우며
첫눈이 온다.

엄마가 가버렸다

행여 잃어버릴까 봐 조바심 났다
쿨렁쿨렁 넘어온 세월 따라 주름진 얼굴

행여 놓칠세라 자꾸만 들여다보았다
뽕잎을 뜯어 먹듯 사각사각 갉아먹은
세상의 서러움 한 올 한 올 풀어
엄마가 날마다 지은 하얀 고치 집

살아온 흔적을 지우며
한잠, 두잠, 석잠, 넉잠
오래된 침묵이 너무 무거웠다

웅크린 몸의 경계 너머 봄날에 얹힌 새순은
깜깜한 엄마의 창을 넘나들고
봄볕에 바삭바삭 말린 그리움 적셔 살던
내 마음자리는 여유를 잃어갔다

엄마, 엄마 불러도 대답 없는 희망에게 물었다

〈
멀고 먼 강 건너기 전에
내 이름 아주 잊고 가기 전에
엄마가 지은 고치 집 한 채 내게 주고 가라 했다

코로나가 막아버린 그 집에서
주소도 남기지 않은 채 엄마는 가버렸다.

참 좋은 하늘

감쪽같다

하늘이 바다인 양 구름 그물 쳐놓고
가을을 낚는다

바람과 꽃 마구 낚인다

낚였다간 얄팍해진 그물 사이로
쏙쏙 빠져나온다

하늘이 그물을 거두자

파란 바다에 꽃도 되고
바람도 된 자리가 쏙쏙 들어간다

그 자리에서 나를 보는
엄마, 가을하늘이 참 좋다.

자리 비우기

빳빳한 것들이 힘을 잃고 있다

내일 없이 떠나는 자리를 비우는 것들이 많다

허연 억새 날리는 들판이 점점 비워지는 걸 보면

가슴이 뚫린 것처럼 서쪽 하늘이 울컥하고 붉어지는 걸 보면

내일 없이 사라졌을 것들과

너와 나 사이에 만나지 못할 섬이 있는 걸 보면.

3부

해가 떠오르고 해가 지는 바다에
해독제를 풀어놓듯
첫사랑도 눈물도 먼저 거둬가는 곳
그리운 것은 거기 다 있다.

달 속에 찍힌 주소

달이 먼저 뜨는 동네
달이 가득 차던 동네
오래전에 달 속으로 그 동네의 주소도 따라갔다

좁은 골목 끝 집 대문은 녹이 붉고 칠이 벗겨졌다
물결 같은 고드름이 매달렸던 지붕 아래
도원동 산8번지 선명했던 문패

한쪽 모서리가 떨어져 나간 담장 너머
감나무 가지에 매달린 연 꼬리 팔랑일 때마다
달빛은 아이들의 하얀 꿈이었다

다방구며 숨바꼭질이며 아이들이 숨을 곳이 많았던 동네
그 골목 계단 끝을 딛고 올라서서
한 아이는 엄마가 되고
한 아이는 아빠가 되었다

달 속으로 사라진 계단 뒤에 숨어든 아이들을 못 찾은 술래가
 아직도 달 속에 찍힌 주소를 들고
 달밤이면 거뭇거뭇 나타나는 그 동네.

당신, 괜찮은가요?

　오래된 이층집 창으로 비친 그녀의 그림자가 혼자 웃고 있었다. 빈껍데기 같은 얇은 미소가 유리창으로 번져 나오는 것이 보였다. 습관처럼 마시는 소주잔에 헛웃음이 가득 넘쳤다. 겉모습에는 보이지 않은 두렵고 상처 입은 것들로 많이 아팠겠다. 삐걱대는 삶의 뱃머리에서 공포처럼 다가온 하루였겠다. 두껍게 쳐져서 세상을 끊어놓은 커튼 뒤로 숨은 갈등이 컸겠다. 불러도 들리지 않는 무음의 하루가 쇠몽둥이처럼 휘둘러지고 십자가 붉은 불빛의 사랑은 거의 힘을 잃었다. 창 아래 후두두 떨어진 감꽃 같은 그녀. 내일도 뻣뻣한 날을 귀에 걸고 감꽃은 떨어질 것이다. 그녀보다 먼저 창이 붉어졌다. 해지기 전에 이 모든 아픔의 씨앗들이 사라지기를, 그녀의 세상이 더 이상 두렵지 않기를. 감나무 가지 사이로 등이 켜지는 것을 보았다. 그녀는 이제 혼자 웃지 않았다.

여름이 지나간다

거칠게 쏟아지는 소나기 한줄기였다

통통한 옥수수밭이 잠시 흔들렸다

바람과 햇살과 빗방울이 감춰둔 비밀이 벗겨졌다

축축한 바람소리로 써 내려간 믿음 같은 뿌리

순백의 새벽안개가 수묵화를 그리기도 했다

애절한 사랑으로 키워낸 알갱이마다

죽도록 함께 살자고 한 약속 촘촘히 박혀 있었다

어머니 굳센 손마디 같은 옥수수가 자라고 있었다

어머니는 여름 발바닥 통증을 감싸며 자리를 지켰다

옥수수자루가 커질 때마다 심장 한쪽을 도려내었다

어머니의 뜨거운 여름날이 또 그렇게 지나갔다.

어머니의 우물

날마다 어머니가 퍼낸 우물이 깊다
평생 어머니의 우물은 눈물이었다

날마다 길어 올리는 두레박에 매달려
쓰디쓴 세상에 아프게 매달려 있었다

겨우 열세 살인 딸을 민며느리로 남의 집에 보내고
재가한 엄마처럼 살기 싫다고
날마다 우물 밖으로 물방울처럼 튕겨 나가길 꿈꿨다

우물은 덫이었다
어머니의 가슴을 쥐어짜는 바람이었다

검은콩처럼 타들어 가는 가슴을 누르며
숨 돌릴 틈조차 주지 않았다

집 나간 아버지 그림자를 안으며 울었다
그때 어머니의 세상은 우물 안의 어둠처럼 막막했다

〈

우물의 저 밑바닥까지 내려간 어머니의 두레박이 아렸다

한 번도 꽂인 적 없는 어머니 품에 아무도 없었다
끝까지 우물이 한번 출렁이다 멈추었을 뿐이다.

위대한 저녁

 여름 저녁은 일찍 배가 고팠다. 엄마는 커다란 홍두깨로 열심히 국시를 밀었다. 생콩가루 섞은 비릿한 밀가루반죽이 종잇장처럼 얇아져 갔다. 나는 엄마가 반죽을 다 밀 때까지 눈이 빠졌다. 엄마는 큼직하게 꽁다리를 남겨 입이 짧은 나에게 주었다.

 나는 얼른 아궁이로 달려갔다. 마당가에 걸린 솥단지에는 멸치와 감자를 썰어 넣은 국물이 설설 끓고 있었다. 부지깽이가 걸쳐진 알불 위에 국시 꽁다리를 얹어놓고 할마시야, 방구 껴라~ 할마시야, 방구 껴라~ 되지도 않은 주문을 외웠다. 콧방귀처럼 벙글벙글 일어나며 노릇노릇 구수하게 익어가던 국시꽁다리. 가난한 입속에 넣으면 놀란 입이 사방으로 벙글거렸다.

 별이 떠오른 하늘을 지붕 삼아 온 식구가 둘러앉아 먹은 엄마의 손 국시 한 그릇에 여름이 풍덩 빠졌다. 그렇게 국시 한 그릇에 배부르던 저녁. 매캐한 모깃불에 타오르던 그 저녁이 위대한 행복이었다.

배불뚝이 단지

어머니의 손끝에 단단해진 배불뚝이 단지
꽃그늘에서 심심찮게 풀벌레 울자
입을 크게 벌리기 시작했다

구름으로 하늘의 문장을 꾸미던 가을을 담고
콩밭 어디쯤 앉았다 온 것 같은 바람도 담았다

여름내 푹 익은 장이 하마 같은 입을 벌린 단지 밖으로
단내 나는 냄새를 솔솔 밀어내며 어머니를 불렀다

아침저녁 국으로 찌개로
가을을 바글바글 끓였다
장을 퍼낸 움푹진 자리에 바람을 모셨다

숨 쉴 때마다 속 깊은 단지는
변하지 않는 햇살의 숨결을 기억했다

어머니 손맛에 거침없이 녹아든 장은
깊은 너의 입맛을 운명처럼 맡겼다.

사랑의 플래카드

그래, 여름이면 한번쯤 사랑을 앓아야지

맨살 같은 목백일홍 가지에
붉은 꽃잎 하나둘 피기 시작하는 초여름

사랑하는 것들 다 삼킬 듯 한여름 절정이 지나가고
'사랑'이라는 붉은 플래카드가 내걸리지

슬픔으로 꾹꾹 눌러쓴 편지처럼
하나둘 꽃잎이 바닥에 떨어지고

백일을 사랑이라 꼭꼭 보듬어 안았다가
가슴 새까맣게 탄 그리움 모두 지워지고 없을 때
너는 어디에 가 있을까?

하늘이 높아 꽃잎 진 길은 붉어지고
이별 길에서 보게 되는 너의 흔적들

붉은 가슴에서 눈물로 씻겨간 그 여름
사랑이라는 플래카드가 아프게 내려진다.

겨울 초입

겨울은 밑그림을 그린 바닥에서 시작된다

핏기 없는 나무의 잎은 다 떨어지고

꼭대기에 여럿 달려 있던 해가 짧아졌다

늦가을을 씨줄로 촘촘히 엮은 그리움은

악착같이 사랑을 놓지 못한 담쟁이는

계절에 밀릴까 봐 햇살에 더 찰싹 달라붙었다

고맙고 눈물 나는 따뜻함이

시도 때도 없이 거리를 누비면 좋겠다

내 마음에 입동지立冬紙를 쓴다

해가 짧아 이불 끌어당기는 사랑이 길어지겠다.

흔들리는 골목

집을 나온 남자가 집 앞까지 왔다가

늦가을 창에 어리는 불빛을 등에 지고 있다

속없는 가랑잎처럼 흔들흔들
이제 막 돌아서는 그 남자를
지켜보는 가로등도 흔들흔들

아무것도 바란 것 없는
오랜 비밀을 지켜준 골목이 있다

아무것도 아닌 것을 붙들고
집 밖에 머물고 있는

그 남자의 돌아서는 발걸음

마냥 흔들리는 골목길에서
돌아갈 곳 없는 별 하나만 어둠을 거두고

〈
아침이 되면 사라질
그 남자 왔다 간 자리.

저문다

세계의 문이 닫힌다
쫓기듯 달려와서 지는 해를 끌어안은 바다가 닫힌다

어떻게 살아야 할지는 생각하지 않았다

그래서 더 막막했다

속절없이 한 해를 보내고
나만 남아 있어도 이렇게 살아지는 것을

부질없이 밤의 노래를 혼자 울먹이며 불렀구나

닫힌 세계의 문밖에서
매듭이 묶여지면 너도 나도 놓아주는 것을

붉은 동백의 봄은 아직도 아득하고
고래는 잠들지 않았다

바다를 열어 또 하루를 거둬갈
내일은 새로운 해가 장엄해지리라.

잊을 만하면

버릴 게 많아 바다까지 갔습니다

내 그림자도 버리고자 했습니다

사는 데도 무진장의 연습이 필요한가 봅니다

사랑이 죽으면 사는 연습이 필요하고

사랑이 오면 죽는 연습입니다

잊을 만하면 떠오릅니다

사랑이 죽었다고 온종일 숨어서 숨 쉬었던 날입니다

담판을 지어야 했습니다

어디에서도 버려진 것은 불려오지 못했습니다

내가 하는 일이 그랬습니다

편히 앉아보지도 못하고 보낸 하루

잊을 만한 건 잊어도 좋다고

억지로 잊는 척하지 말자고.

나는 포구로 갔다

갈대 서걱거리는 소리와
멀리 밤바다 속삭임이 아득한 곳

나는 포구로 갔다

불빛 가물가물한 군산의 어둠을 붙들고
슬픔도 고통도 다 까맣게 어루만졌다

속살 부드러운 물고기의 속내를 가만히 들여다보니
아하, 너도 그리움이 깊었구나

늦가을 장항의 낯선 포구에서
알 수 없는 깊이의 더듬이를 곤두세우고
나도 서해끝자락 서천바다로 들어갔지

네가 내게 왔던 길이 옆구리 쿡쿡 찌르며
아픔은 깨우지 말라 한다

아하, 너도 이별이 어려웠구나.

그리운 건 거기 다 있다

가물가물한 그리움에 목이 길어진
해 뜨고 해 질 때마다
더 먼저 아파하고 달래 주던 바다

파도도 없고 바람도 없는 모래밭에다
두고두고 눈물 부르는 첫사랑

오래도록 가슴에 묻어둔 시린 그리움

그 이름 꽃잎처럼 적어보고 싶은
바람 귀가 서럽게 불러 보고 싶은

내 마음 꺼이꺼이 울며 날아간 왜목마을 앞바다에
해가 먼저 들어가 잠긴다

새들의 날갯짓도 조금은 느린 바람길

해가 떠오르고 해가 지는 바다에 해독제를 풀어놓듯
첫사랑도 눈물도 먼저 거둬가는 곳
그리운 것은 거기 다 있다.

이름을 지켜낸 맹개마을

맹개마을은 멈춘 시간이 산다
사람은 어디로 가고 흐르는 것은 물과 바람뿐

때 묻지 않은 세월을 축축하게 감싼 이끼에
절대로 사람을 받아들이지 않을 것 같은
오지의 산길은 그냥 그림이다

오르막이 있으면 내리막이 이어지고
강물과 만났다가 다시 강물을 밀어내며
맹개마을은 낙동강 기슭 한편에 유배지처럼 숨어 있다

맹개마을은 시간을 따라가지 않았다
있는 그대로 보듬고 제자리를 지켰다

꼭 그래야 한다고 누가 족쇄를 채우지 않아도
사람 떠난 마을을 덥석 받아 안고 이름을 지켜냈다

우리가 지나온 시간이 강물을 건너는 일이라면
소금밭처럼 메밀꽃이 가득한 이 마을의 시간은

달빛을 감싸며 바람을 견디는 일이었다

그 흔한 돌다리도 없는 내가 사는 이번 생은
저 건너 메밀꽃밭에 묻힌 맹개마을의
씨앗을 잘 뿌리는 방법부터 다시 배워야 할 것 같다.

희망씨앗을 품다

길이 멀어도 좋다

구름이 산중턱에 걸린 백두대간 수목원

떠도는 풀씨들이 만든 숲길은 풀냄새가 진동한다

누가 뿌린 씨앗인가
누가 들꽃 함부로 밟을 수 있나

내 눈에 넣지 않으면 내 것이 아닌 풍경들

느끼고 품에 안으니 온몸에 전율이 돈다

문득 너에게 팔고 싶어지는 파란하늘
싸리꽃도 예쁜 다정다감한 길은
걷는 사람에게 힘을 빌리지 않는다

작은 풀꽃들은 헛된 씨앗을 품지 않는다

〈
바람을 따라가지 않은 꽃들을 따라
나도 작은 풀꽃 한 송이로 피고 싶은
희망씨앗을 품어본다

4부

내 눈에 이별을 부르는 저 서울행 철길
나는 첫눈이 오지 않은 안동역 앞에
오래도록 눈부처가 되어 서 있었다.

다행이다 1

상추 한 장에 숨 막히듯 봄날을 올려놓는다

잘 지내냐고 안부 묻기 바빴던
내 좋은 사람들도 하나하나 얹어보고

바삐 사느라 몰랐던 일상의 소소함도 뭉뚱그려 넣고

뒷산의 뻐꾸기소리에 화들짝 놀란
찔레꽃의 뽀얀 그리움도 분질러 올려놓는다

보고 싶어도 볼 수 없는 요양원 유리벽 너머
누워 지내던 엄마를 하늘로 보낸 슬픔을 눈물로 비벼 넣고

하루가 잠시나마 걱정 없게 된 날

마스크를 벗은 입이 미어져라 쌈 싸먹을 수 있어 다행이다
웃음 없는 날을 접어가며 살아내서 다행이다.

접시꽃 사랑 1

붉은 접시꽃에 나비 한 마리 앉히려고
엄마는 집 나간 아버지를 평생 기다렸구나

하늘로, 하늘로 서러운 울음소리도 못 내고
바람이 손목을 뿌리친 아버지 미운 그림자만 바라보았구나

붉은 접시꽃에 나비 한 마리 날아오게 하려고
엄마는 그토록 푸른 대궁 높이 꽃을 피우려 했구나

엄마가 없으면 접시꽃도 없겠네
숨어들 나비도 없겠네.

청송 가는 길

다람쥐 눈이 빛나는 가랫재를 넘는다
숨겨둔 도토리 찾듯 아버지 찾아 청송 가는 길
떠도는 방랑기를 빈 어깨에 메고 먼 데까지 스며든
늙은 아버지 혼자서 별이 되어 사는 아버지 나라

장날에 맞춰 소달구지 가득 나무를 실은
아버지 구르마가 꼬불꼬불 힘겹게 넘어오던 가랫재
나무둥치에 묶인 진달래꽃 한 다발이 골짝을 돌 때마다
이리저리 휩쓸리며 위태롭게 넘어오던 가랫재

길 안으로 가면 잘 닦여져 편안한 청송 가는 길
변화를 타고 가는 새길 버리고
아버지 살고 나 살다가 물에 묻어버린 고향
임동 지나는 34번국도 쓰리고 헐은 재를 넘는다

그 슬픔의 배경을 눈물로 녹이며
애초에 아버지가 힘겹게 넘었던 길을 간다

세상 어디에도 없는 아버지의 세월을 찾아 청송에 간다
멀미나게 시린 가을 하늘도 꾸불꾸불 따라온다.

대나무가 속을 비우는 까닭

너와 나 나란히 바람 사이에 길을 두었다

너를 지키기 위해 나는 텅 비어도 좋았다

흔들릴지언정 날마다 사랑을 움켜잡았다

바람에 휩쓸리지 않으려고 마음 구석구석 닦아냈다

속을 비우고 너를 앉혀 천년만년 살고자 했다

아둔한 사랑을 믿으며 푸름의 완성도를 높여갔다

너무도 쉽게 아침 고요를 깨며 너는 떠났다

무너지는 빈방을 생각했다

가슴을 치며 송곳 같은 절망을 마디마디 분질렀다

사랑과 이별의 간극에 너를 맡겼다

아니, 나를 맡겼다.

거리두기

저 활짝 핀 꽃들처럼 마주 보고 살 수 있다면

가슴 터지게 설레야 한단 말이지?

무엇으로 가슴 터뜨릴까?

환한 꽃 앞에서 너와 나 마주 보고 있어도

거리두기하고 있으니

설레는 가슴이 더욱 멀고 아프다.

다행이다 2
- 가만히 들여다보면

  텃밭의 푸석한 골마다 물을 붓습니다. 저 부신 햇살 아래 물줄기가 찾아들고서야 흙빛도 제 모습을 찾습니다. 정말이지 뭔가 키운다는 것은 애간장을 녹이는 일입니다.

  텃밭을 가만히 들여다보면 골마다 벌레들의 전쟁이 치열합니다. 목마름을 삼키며 꼬리를 말아 넣는 줄기들이 미처 준비되지 않은 열매들을 떨어뜨립니다. 한 뼘도 못 자란 것들은 씨앗의 기억을 안고 그냥 녹아내립니다.

  가는 비로는 흙을 적시기 힘든 모양입니다. 할일 다 한 듯 바닥을 드러내는 도랑으로 여름은 온통 뜨겁지 않은 것이 없습니다. 그래도 살 것은 살아서 씨앗의 고향을 찾아갑니다.

  긴 여름 해가 지고 가만히 들여다보면 풀벌레들 소리와 가물가물한 달빛과 바람 선선하게 다가오는 고랑마다 푸른 것들이 살맛나나 봅니다. 내가 뿌린 물방울에 얹혀 있던 거미줄이 무사하기를 바라며 집으로 갈 수 있어 다행입니다.

눈물 위로 걸어온 시간

나는 어려서부터 눈물이 많았다

해안선을 건너는 하루가 길고 길었다

내 눈물에 매달려 있던 행복도 얼어붙곤 하였다

마지막인 것처럼 건너지 못할 바다에 눈물 얼려 길을 내었다

갈 수 없다고 돌아서던 발끝 어디서 솟는 힘이었는지
혼자서도 바다를 성큼성큼 건넜다
뒤를 돌아보지 않는 사랑도 버렸다

스무 해 남짓 언 바다에는 발자국도 남지 않았다

나는 어디까지 흘러갔는지 솔직히 두려웠다

혼자서도 잘 건너온 바다 앞에서 요즘 나는 자주 운다

〈
눈물 위로 걸어온 시간들이 너무 아파서
꽃 한 송이 지는 것에도 뭉근한 눈물이 솟는다.

그 가을의 기록

그리움과 이별하기로 한다

찬비에 젖은 걸음이 빨라지는 밤

나의 하루는 끝이고 시작이다

늑장 부리는 바람 깃을 코트 안으로 불러들이며
시월의 마지막 밤은 또 얼마나 아득해질 것인가

내 손목시계는 이미 열 시

나도 나뭇잎들 행방 속으로 휩쓸려 갈까 봐

어깨를 웅크린 채 묻는다
당신의 오늘은 무사했나요?

아직도 꽃 속에 머물던 가을 한때를 엿보며
삶이 바스러지는 소리를 대책 없이 기록한다

그해 가을은 너무 빨리 갔다.

비가 오는 날에

비 오는 날 목적 없이 걷는 것은
가슴부터 행복이 젖기 때문이다

아무 생각 없이 빗방울 숲에 들었다가
깨끗해진 나무들의 길을 걸어 나왔다

낡은 벽이 예쁜 어느 집 담벼락에 기대
콧대 높게 하늘을 올려다봤다

담쟁이의 속삭임이 들렸다
이 비가 그치면 이파리도 떨어질 것이라고
누구도 말릴 수 없는 숙명이란다

왠지 허전했다

너를 본 지 오래됐다는 생각이 들었다
비가 그사이를 내리고 있다

저기 우산을 들고
내 마음처럼 그대가 오고 있다.

안동 간 고등어

아버지 제사상에 통통한 간 고등어가 올랐다

고향 생각하며 우리 아버지 맛나게 드셨겠다
하얀 햅쌀밥에 참을 수 없는 짭짤함이 녹아들었겠다

새벽같이 강구항 선창을 버린 고등어가 가랫재를 넘어오면
등 푸른 지느러미로 바다를 누비던 수평의 하늘이
힘을 놓아버린 채 푸르다가 검어지곤 했다

임동 챗거리 장터에서 기다리던 간잽이는
만신창이가 된 고등어 몸에 저울 같은 손끝으로
모자람도 넘침도 없이 굵은 소금을 팍팍 질러 넣었다

염장을 지른 살결마다 짠맛으로 길들이며
간 고등어는 안동으로 가서야 자반의 맛을 제대로 품었다

흐물흐물하던 슬픔도 농도가 짙으면 야물어지듯

짠 바다에서 통증으로 녹여낸 살이 탱탱해졌다

참을 수 없는 짭짤함에 녹아나는
임동 챗거리 내 고향이 눈앞에 와 있다.

희뿌옇다

하늘도 바다도 산도 길도
천지분간 없는 눈발에 희뿌옇게 갇힌다

바다의 눈은 강렬하다
풍경이 아름답다거나 첫사랑이 그립다가 아니다
송이송이도 아니고 사정없이 후려친다
대책 없이 맞은 눈발에 생각이 얼얼하다

내가 뭘 잘못했나
수첩에 기록도 안 된 못질은 없었는지

먼 바다까지 와서 눈을 맞으며
동백꽃이 왜 참회를 뚝뚝 끊는지 배웠다

그렇게 끝내야 후회도 없는데
지금 나는 눈물이 흐른다

목을 꺾을 용기도 없어 빳빳이 쳐든 얼굴에

내려앉은 눈송이가 후회의 눈물로 흐른다

어디로 갈지 모를 앞이 희뿌옇다.

눈 온 날

이 겨울 마지막 눈이 아닐까?

그래서 보여 주지 않으려고 나 몰래 내렸다

몹시도 내 마음이 아팠던 그 날
바람에 날려 온 눈은 아직도 차가운데
오늘 만난 눈은 따스했다

살면서 힘들 때 마음까지 꽁꽁 얼어붙는 눈도 있었고
누군가 보고 싶은 마음에 그리움이 가득했던 눈도
있었다

누군가를 잊으려고 몸부림쳤던 눈도 있었고
다시 못 볼 이별의 눈도 있었다

그 모든 걸 떠올리게 하는 오늘 아침 눈이 그랬다

다시 못 볼 이별이라 생각했을까?

〈
뒷모습을 보여주지 않으려고
소리 없는 사랑만 내 가슴에 남겼다

밟기가 미안해 까치발로 걸었다
지금은 그 흔적마저 지워졌다.

12월

12월은 아무것도 칠하지 않아도 좋다

회색시멘트 벽돌을 쌓아 낮은 지붕 정답게 들어앉은
집과 집 사이를 구불구불하게 이으며
넓었다, 좁았다 반복하는 골목길
그 틈새를 용케도 지나왔다

'낙서하지 마시오'라고 붉은 페인트로 써진 거기에는
누가 쓴지도 모르는 정다운 낙서들
'순영아, 사랑해'도 적혀 있고
'정아랑 뽀뽀했다'고도 적혀 있다

누군가의 흔적을 덮는 첫 눈발처럼
담벼락 틈새로 삐죽 나와 말라버린 풀꽃들

손바닥만 한 화단에 피었던 맨드라미의 가을 꿈도
그랬다

모르는 구석 없던 그 좁은 길에

꼭 그만큼 내어주던 하늘도 12월은 조용하다

이미 내 곁에 없는 것들
텅 빈 골목 끝에 나만 남고 해가 저문다

너와 나 사이에 아직도 사랑이 있다면
12월처럼 조용히 만나러 가야겠다.

시간의 주문에 묶인 하회마을

하회마을은 지금 접시꽃 세상이다

시간의 주문에 묶인 섬처럼 견뎌온 마을

오래된 종갓집 양진당의 한낮이 고요하고
어디에도 없는 시간을 건너와 숨 막히게 한다

충효당 현판만 봐도 마음이 꼿꼿해지는 집에서
선비의 헛기침처럼 집 앞의 해당화 꽃잎이 흩어진다

마을을 돌아가는 강물은 저만치서 말없이 흐르고
만송정에서 올려다보는 부용대가 아득하다

강물이 돌고 돌아 풍화된 시간들이
뼈대 높은 과거를 불러 오늘을 사는 마을

시간의 중문이 있다면 조용히 닫고 나와
한마을에 600년을 살다간 사람들의 시린 사연을
바람과 햇볕에 널어주고 싶다.

이별의 안동역

오래된 음악처럼 아날로그 선로 따라
백 년을 산 안동역이 새집을 얻었다

첫눈 오는 날 만나자는 약속은 어찌하라고
약속을 잃은 연인들은 어디로 가라고
세월에 무릎 꺾이듯 안동역이 문을 닫았다

직선의 신안동역에서 오래된 사랑을 더듬으며
곡선이 닿는 그곳에 역이 있었다는 걸 기억하리라

기적소리 끊긴 채 굳게 닫힌 역사 위로
내 눈에 이별을 부르는 저 서울행 철길

나는 첫눈이 오지 않은 안동역 앞에
오래도록 눈부처가 되어 서 있었다.

■□ 해설

간절한 소망을 풀어낸 바닷빛의 자취들

문정영(시인)

　바다와 나무와 꽃이 시인의 옆에 있다. 숨어서 보이지 않는 것들도 있지만 시인의 곁에서 자란 것들도 있다. 어떤 나무는 함께 자라서 열매를 맺고 그늘이 되어주는 반려자 같은 시간을 나누기도 했다. 시란 시인의 절절한 간절함이 꽃을 피운 것이다. 간절함이란 얼마나 소중한 것인가, 한 생을 살면서 내게 오는 사랑과 고통과 이별은 얼마큼 큰 빛으로 쏟아졌던가. 시인이 남긴 그 소망들을 찾아보는 것이 이 글의 자취이다.

　인용하고 싶은 작품이 너무 많다. 한 편 한 편이 절절하여서 시인의 가슴에서 품어져 나온 찰나였으므로, 내면에서 흘러나오는 아픔은 입을 틀어막아도 흔적이 남기 때문이다. 어쩌면 "햇살을 보지 못한 길에 흘린 단편의 시간들"의 통증인지도 모른다.

시인은 나이 들어가면서 점점 엄마를 닮아간다. 엄마를 이해하고 사랑할 시간은 참으로 짧았다. 어쩌면 이 시집 한 권은 엄마에 대한 그리움의 절창일 것이다. "멀고 먼 강 건너기 전에/ 내 이름 아주 잊고 가기 전에/ 엄마가 지은 고치 집 한 채 내게 주고 가라"고 외친 슬픈 눈물집이다.

권옥희 시인은 시인의 말에서 두 가지를 이야기하였다. 하나는 "얼마나 힘들고 얼마나 무기력했던가?/ 그래도 버텨내서 다행이다." 요양원에서 쓸쓸하게 돌아가신 엄마에 대한 아픈 마음과 코로나19의 위기를 견디고 있는 많은 사람들에게 주는 위안이며, 힘이다. 다른 하나는 나이 들어가면서 삶을 이겨나가는 자신에게 그리고 지난하게 살아가는 사람들에게 "가냘픈 몸으로도 당당하고 꼿꼿해질 수 있는 힘/ 살아가는 동안 숱한 바람과 맞서 싸워야 하는/ 우리도 그 힘을 얻고 싶다."라는 소망을 전하였다.

이 두 가지 시의 서정이 잘 녹아 있는 이번 권옥희 시인의 시집을 몇 가지의 방향으로 읽으면서 따라가 보기로 하자. 이번 시집의 큰 갈래 중 첫 번째는 시인의 소망이다. 내 자신뿐 만아니라 모두의 소망을 사유의 깊이로 끌어내었고, 두 번째는 엄마에 대한 절절한 감정이다. 엄마(어머니)는 우리의 가슴 밑바닥에 늘 고여 있는 생수이다. 그리움의 정수이다. 그 그리움의 길을 읽어가 보자. 다음으로는 시의 배경으로 가장 많이 나오는 바다와 고향, 그리고 자연에서 시인의 뿌리를 찾아보자.

위에서 말하였듯이 인용하고 싶은 시가 많다. 그래서 다시 한번 시를 소개하는 자리라고 생각하면서 읽어주시기 바란다. 본격적인 해설로 들어가기 전에 각부의 첫 장에 나온 시인이 아끼는 문장들을 읽어보자. 이 언급된 말들을 촘촘히 읽어도 이 시집의 전반적인 감성을 읽을 수 있을 것이다.

1부 "붉은 동백 꽃길을 적시며/ 눈물 많은 엄마가 그렁그렁/ 봄비로 울고 있다."
2부 "사랑은 찰나였다/ 내가 비워둔 자리에/ 나도 모르게 네가 서 있다."
3부 "해가 떠오르고 해가 지는 바다에 해독제를 풀어놓듯/ 첫사랑도 눈물도 먼저 거 뒤가는 곳/ 그리운 것은 거기 다 있다."
4부 "내 눈에 이별을 부르는 저 서울행 철길/ 나는 첫눈이 오지 않은 안동역 앞에/ 오래도록 눈부처가 되어 서 있었다."

각 부 첫 장의 글을 합하여도 하나의 작품이 될 만큼 시인의 서정이 잘 녹아 있다. 시인은 이 한 권을 시집을 내놓고 독자에게 가서 꽃이 될 문장들을 찾아놓은 것이다.

1. 시인의 소망을 찾아서

코로나로 힘든 나날을 살아가는 사람들은 일상으로의 회복을 소망한다. "바람과 햇볕에 널어주고 싶"(「시간의 주문에 묶인 하회마을」)은 간절한 소망은 무엇일까. 소소한 행복을 끌어안고 살고 싶은 마음이며 "지금 접시꽃 세상"인 하회마을의 "풍화된 시간" 속에서 머물고 싶은 것이다.

"그 이름 꽃잎처럼 적어보고 싶은/ 바람 귀가 서럽게 불러 보고 싶은"(「그리운 건 거기 다 있다」) 것은 또 무엇일까. "오래도록 가슴에 묻어둔 시린 그리움"일 것이며, 지금 만나보고 싶은 사람들일 것이다.

이런 객관화된 소망만 있는 것은 아니다. 이 시집의 첫 작품인 「위대한 소금창고」에서는 소금이 가진 내밀한 속성과 소금쟁이같이 소금을 만드는 그의 삶을 들여다보며,

어쩌면 시인의 개인적인 삶의 철학을 소금처럼 쌓아놓은 것이 아닐까하는 생각이 든다. 시인이 살아온 체험과 사물을 바라보는 사유의 깊이에서 끌어낸 '위대한' 작품을 꼼꼼하게 읽어볼 필요가 있다.

> 바다가 거둔 바람길에
> 나무판자 얼기설기 엮은 소금창고가 있다
>
> 소금눈물에 삭은 그곳엔 썩지 않은 시간이 산다
>
> 소금밭에 붉은 밑줄을 그으며
> 짠맛에 찌든 고된 하루를 수없이 뒤집는 그는
> 눈가에 자글거리는 주름을 창고에 부린다
>
> 소금은 짠데 소금창고는 짠내가 없다
>
> 소금은 바다의 뼈를 녹인 애간장에서 온다
>
> 그 눈물의 짠맛 다 걸러낸 위대한 소금창고에서
> 그의 하루는 썩지 않고 산다
>
> 자르르 윤기 흐르는 내 젊은 날의 둔부 같은 소금무덤

잘 절여진 바람이 흐르는 방향에서
나도 내 가슴에 굵은 소금 팍팍 질러 넣어
썩지 않는 젓갈처럼 삭고 싶다.

–「위대한 소금창고」 전문

 이 작품은 구절구절 절창이다. 다시 한번 읽어보자. "소금눈물에 삭은 그곳엔 썩지 않은 시간이 산다" "소금은 짠데 소금창고는 짠내가 없다" "소금은 바다의 뼈를 녹인 애간장에서 온다" "그 눈물의 짠맛 다 걸러낸 위대한 소금창고에서/ 그의 하루는 썩지 않고 산다"라는 통찰력 넘치는 문장들은 오롯이 시인의 삶 안에 있는 질문에 대한 답변들이다. 한때 "내 젊은 날의 두부 같은 소금무덤"에서 시인은 지긋한 삶을 건너가면서 "썩지 않은 젓갈처럼 삭고 싶다"고 소망한다. 이 작품은 서정이 잘 녹아 있으면서도 시인의 소망이 무겁지 않게 드러나 있어 반드시 몇 번은 읽어보기를 권한다.

 시인이 살아가면서 바라는 소망은 소소한 것들이며. "어디에도 없는 문장을 만들고 싶"은 간절함이며, "맥문동 꽃밭에서는 사랑에 취해야 한다/ 이대로 꽃을 베고 보랏빛 세상에 눕고 싶"(「맥문동 꽃자리」)은 일상에서 가져올 수 있는 소망들이다. "부러진 나뭇가지에 따스한 바람막이 하나 걸쳐주고 싶"(「겨울나무」)거나 "다시 자작자작한 나무의 생애가 타는 소리 듣고 싶"(「자작나무 숲에 들다」)은 바람은 얼마나 작은가, 하지만 얼마나 따뜻한가. 그런 간절함은 "나도 작은 풀꽃 한 송이로 피고 싶"(「희망 씨앗을 품다」)고 "누군가 보고 싶은 마음에 그리움이 가득했던 눈도 있"(「눈 온 날」)는 날이다.

> 숙명을 타고 오르는 칡넝쿨의 기세가 등등하다
> 막다른 벽
> 불안의 벽
> 몸을 내준 나무는 숨이 막힌다
>
> 저 독불장군의 서슬 퍼런 길에 들어선
> 빗소리
> 바람소리
> 달빛소리
> 점령군의 말발굽처럼 소리만 들어도 나무는 질색한다
>
> 전부를 내준다는 건 참 못할 일이지만
> 반항하면 끝이다

죽은 듯이 살아가지만
　　　나무는 죽어서도
　　　저 모진 칡넝쿨을 벗어나지 못하겠다

　　　잡히면 휘감아야 하는 너의 숙명에 갇힌
　　　나의 절규를 오늘도 듣는다

　　　숨 좀 쉬고 싶다!

　　　　- 「절규」 전문

　마지막으로 언급한 이 시의 마지막 "숨 좀 쉬고 싶다!"라는 절규를 들으면서 "숙명을 타고 오르는 칡넝쿨의 기세에" 눌린 모습이 어쩌면 코로나19에 쩔쩔매고 있는 우리들의 모습을 닮은 것 같아서 이 시가 마음 한켠을 아프면서도 쓸쓸하게 하였다. 숨을 쉬고 싶은 소망, 절규가 빨리 이루어지를 바라본다.

2. 엄마의 숨결을 찾아서

　이 시집 속에는 엄마에 대한 사모곡이 너무 많다. 이 몸을 낳아준 엄마는 무엇으로 바꿀 수 없는 존재이고 보고 싶어도 볼 수 없는 그리움은 어떤 말로도 형용할 수가 없다. 그 시편들만 바라보아도 엄마의 숨결을 찾을 수 있을 것 같다. 구구절절 말하지 않아도 그 말의 씨앗들이 잘 보이는 그래서 숨결을 흩뜨리듯 내 생명의 원천으로 가보고 싶은 것이다.

"동백아가씨를 좋아하던/ 우리 엄마만 봄의 자리를 비웠다/ 붉은 동백 꽃길을 적시며/ 눈물 많은 엄마가 그렁그렁/봄비로 울고 있다."(「동백아가씨」) 이 시를 쓸 때 시인은 마음속으로 '동백아가씨'를 불렀을 것 같다. 그리고 지금은 안 계신 엄마의 노랫소리를 들었을 것 같다. 추억은 내게 존재하는 한 엄마는 늘 내 마음속에 살아 있는 것이다. 일상적인 엄마를 그리워하는 시편들보다는 훨씬 형상화가 잘 된 작품이다.

"지우고 싶은 슬픔을 메우던 색색의 실들"(「시간을 건너는 반짇고리」)를 바라보던 "엄마의 눈은 낙타만 했을까" '반짇고리'를 통해서 시인은 늘 안쓰럽고 그리운 엄마를 찾아가곤 한 것이다. 엄마에 대한 사랑을 다시 느끼고 싶은 시인은 아래 작품 두 편을 통하여 절정에 이른다. 엄마의 삶을 경유하여 시인은 소망하고 안타까워한다. 그리하여도 늘 엄마를 닮고 싶은 시인의 마음이 저리고 애달

다. 찬찬히 권옥희 시인의 정서를 따라가면서 읽어보자.

나를 가장 아프게 하는 이가 있다
여자로 태어나서 바라만 봐도 애처롭던 엄마

나는 엄마처럼 살지 않을 거야

비수로 가슴을 도려내 놓고도
참으며, 웃으며
바보 같은 엄마처럼 살고 있다

오래도록 좋은 것만 주고 싶었다
오래도록 좋은 곳만 가고 싶었다

백 년은 넘깁시다!
백세인생을 노래하며
좀 더 곁에 함께하고 싶다고
연도 맺지 않은 하나님께 간절히 빌었다

내가 가장 닮은 이가 있다
품이 넓은 접시꽃이 되어
사랑밖에 모르는 나비 한 마리 안으려는

가슴 여린 여인이다.

―「접시꽃 사랑 2」전문

'접시꽃 사랑'에 이어「엄마가 가버렸다」에서는 "날마다 지은 하얀 고치 집"에서 엄마가 저 멀리 다른 행성으로 가기 전에 슬픔이 매듭지어지기 전에 "멀고 먼 강 건너기 전에/ 내 이름 아주 잊고 가기 전에/ 엄마가 지은 고치 집 한 채 내게 주고 가라 했다" 엄마를 잊지 않기 위해서이다.

코로나가 막아버린 그 집에서
주소도 남기지 않은 채 엄마는 가버렸다.

―「엄마가 가버렸다」일부

'어머니의 우물' 이 작품을 통하여 시인은 엄마의 힘든 삶을 들여다본 것일까. 결코 우물 밖으로 튀어나갈 수 없는 엄마의 삶은 온전하지는 않았다. 이번 작품을 조용히 음미하다보면 서러움 한 자락으로 "한 번도 꽃인 적 없는" 엄마의 일생을 안타깝게 들여다볼 수 있을 것이다. 우리들의 엄마를 비교하면서 음미를 해보기 바란다.

날마다 어머니가 퍼낸 우물이 깊다
평생 어머니의 우물은 눈물이었다

날마다 길어 올리는 두레박에 매달려
쓰디쓴 세상에 아프게 매달려 있었다

겨우 열세 살인 딸을 민며느리로 남의 집에 보내고
재가한 엄마처럼 살기 싫다고
날마다 우물 밖으로 물방울처럼 튕겨 나가길 꿈꿨다

우물은 덫이었다
어머니의 가슴을 쥐어짜는 바람이었다

검은콩처럼 타들어 가는 가슴을 누르며
숨 돌릴 틈조차 주지 않았다

집 나간 아버지 그림자를 안으며 울었다
그때 어머니의 세상은 우물 안의 어둠처럼 막막했다

우물의 저 밑바닥까지 내려간 어머니의 두레박이 아렸다

한 번도 꽂인 적 없는 어머니 품에 아무도 없었다

끝까지 우물이 한번 출렁이다 멈추었을 뿐이다.

- 「엄마의 우물」 전문

'위대한 저녁'을 먹기 위해서 "온 식구가 둘러앉아 먹은 엄마의 손 국시 한 그릇에 여름이 풍덩 빠졌다. "매캐한 모깃불에 타오르던 그 저녁이 위대한 행복이"라는 것을 그때 안 것이다. "보고 싶어도 볼 수 없는 요양원 유리벽 너머/ 누워 지내던 엄마를 하늘로 보낸 슬픔을 눈물로 비벼 넣고// 하루가 잠시나마 걱정 없게 된 날// 마스크를 벗은 입이 미어져라 쌈 싸먹을 수 있어 다행이다/ 웃음 없는 날을 접어가며 살아내서 다행이다." 이렇게 엄마를 보내는 심정과 걱정 없게 된 하루를 '다행이다'라고 토로하는 시인의 심정이 아프게 다가온다.

'접시꽃 사랑 1'에서는 엄마의 아픈 삶이 나비를 사랑하는 접시꽃으로 표출되어, 잔잔한 서정임에도 마음에 커다란 울림을 준다.

붉은 접시꽃에 나비 한 마리 앉히려고
엄마는 집 나간 아버지를 평생 기다렸구나

하늘로, 하늘로 서러운 울음소리도 못 내고

바람이 손목을 뿌리친 아버지 미운 그림자만 바라보았구나

붉은 접시꽃에 나비 한 마리 날아오게 하려고
엄마는 그토록 푸른 대궁 높이 꽃을 피우려 했구나

엄마가 없으면 접시꽃도 없겠네
숨어들 나비도 없겠네.

−「접시꽃 사랑 1」 전문

그 외 「여름이 지나간다」와 「배불뚝이 단지」 등에서도 엄마와의 추억과 아픔이 이어진다. 이리 진한 모성을 기리는 것은 이제 시인도 그런 아픔을 온전히 체득하여 느낄 수 있는 나이이기 때문이다.

3. 시인의 서정의 사유를 따라가면서

시인의 시적 정서는 시인의 살아온 배경과 사고 그리고 생활환경에서 오는 서정에 의해서 깊어진다. 권옥희 시인의 시 속에 바다가 유난히 많이 나오는 것은 바다를 좋아하기 때문이거나 바다에 자주 갔을 것이기 때문이다. 아래의 '붉은 등대'에서는 등대가 주는 안식이나 등대가 가진

이미지를 통하여 시인의 삶과 사랑과 이별의 모습을 잘 드러내었다. 조용히 음미를 해보면 오히려 마음이 편해지는 시이다.

나는 밤새 바다를 바다이게 하는 불빛으로 지켜보았다

하늘과 바다를 잇는 수많은 이별법
밤낮없이 바다를 드나들던 가벼운 것들의 이별법

어긋난 운명으로 서로를 잡지 못해 한쪽을 놓아버리고
뜬눈으로 바다를 헤집는 집어등이 파랗게 질려갔다

너에게 닿지 못한 내 눈길이 절망으로 가득할 때
다 놓았다 생각한 네가 바다마저 놓으면
나는 어디에서 또 젖은 꿈을 꿀 것인가

오늘 나는 적당히 오르는 파도를 받아들이면서
너를 안은 긴장이 높아졌다 스러졌다

네가 다시 사랑할 내일의 꿈을 안고 돌아간 뒤
나는 밤새 움켜쥔 주먹을 풀며
해가 바다를 삼키는 걸 지켜보았다

붉어진 눈을 감고 나도 쉬어야겠다.

　　-「붉은 등대」전문

　사람이 한 생을 살아가면서 느끼는 감성을 다양할 것이나 또한 공통적으로 껴안고 사는 것은 사랑이다. 그 사랑이 찰나였음을 느끼는 것도 지난한 삶의 모습일 것이다. 그러나 그 사랑이 "사랑은 찰나였다/ 내가 비워둔 자리에/ 나도 모르게 네가 서 있다."라고 느끼기까지 얼마나 많은 감정이 교차하였을까. 그걸 더 깊이 느끼고 아껴서 글을 쓰는 사람이 시인인 것이다. "세계의 문이 닫힌다/ 쫓기듯 달려와서 지는 해를 끌어안은 바다가 닫힌다"라는 깊은 사유를 끌어안기까지 시인은 자신의 마음의 흐름을 깊이 관찰하고 바라보았을 것이다. 세상을 바라보는 것이 결국 나를 바라보는 것이다. 그렇게 우리의 삶은 조금씩 저물어가는 것이다.

　아래 작품은 시인의 녹록하지 않은 삶 중에서 가장 아픈 날이며 그걸 잊고 싶어 바다까지 간 날이다. "사랑이 오면 죽는 연습입니다// 잊을 만하면 떠오릅니다"라는 사유는 시인의 체험과 통찰이 없으면 끌어낼 수 없는 문장이다. 이 시를 조용한 밤에 읽어보시라. 읽는 사람의 마음에도 깊은 물결이 흐를 것이다.

> 버릴 게 많아 바다까지 갔습니다
>
> 내 그림자도 버리고자 했습니다
>
> 사는 데도 무진장의 연습이 필요한가 봅니다
>
> 사랑이 죽으면 사는 연습이 필요하고
>
> 사랑이 오면 죽는 연습입니다
>
> 잊을 만하면 떠오릅니다
>
> 사랑이 죽었다고 온종일 숨어서 숨 쉬었던 날입니다
>
> 담판을 지어야 했습니다
>
> 어디에서도 버려진 것은 불려오지 못했습니다
>
> 내가 하는 일이 그랬습니다
>
> 편히 앉아보지도 못하고 보낸 하루
>
> 잊을 만한 건 잊어도 좋다고
>
> 억지로 잊는 척하지 말자고.
>
> －「잊을 만하면」 전문

아래 두 작품도 참으로 아껴서 읽고 싶은 시이다. 시인은 시를 통해서 자신의 아픔을 다스리고 독자는 시를 읽으면서 자신의 마음을 다스린다 하였다. 그것은 서로의 공감대와 유대감이 있기 때문일 것이다. 조용히 나를 들여다보면서 읽을 수 있는 시가 진정성이 있는 시이다. 가장 어두운 날에 이 두 편의 시를 마음에 얹어놓고 읽어보시라.

시작은 끝을 드러내지 않는다

흰머리가 머리에 앉기 시작하더니

하얀 털 하나가 반짝하며 눈썹에 앉았다

흰머리의 시작을 부지런히 끊어냈다

파뿌리로 가는 길을 염색으로 완벽하게 차단했다

아니, 흰머리의 비극은 이제 시작이다

내 몸의 가시를 뽑아내듯

백세의 불협화음이 나를 노려보는

나이 밖으로 튕겨져 나와

도리 없이 젊음을 바른다

결코 시작은 끝을 드러내지 않는다.

―「시작에 대한 단상斷想」 전문

끝내는 바닥으로 간다
바닥이 싫어도 바닥으로 간다
꽃도 지면 바닥으로 간다
목백일홍 꽃이 바닥을 붉게 물들인다

귓가에 속삭인 유혹은 얼마나 달콤했으랴
그 깊이가 얼마인지 한번 닿으면
다시 못 올 걸 알면서도 바닥으로 간다

나는 너의 바닥을 보았을까
너는 내 바닥을 얼마나 알까
바닥까지 와서 바닥을 짚고서야 여기가 바닥이구나
아무도 도움을 줄 수 없는, 갈 곳 없는 곳이 바닥이구나

추락의 끄트머리에서야 보이는 바닥

발이 바닥에 닿을 때까지 사랑의 재고는 없다

바닥은 다시 길이 된다
탈탈 털려 한계에 부딪힌 정신을 깨우며
바닥에 누운 시간이 일어선다

무너진 바닥에서도 꽃은 핀다

더 이상 바닥에 닿지 말라고
곳곳에 씽크홀이 생겨난다.

−「바닥論」 전문

 권옥희 시인의 정서를 따라가면서 공감을 얻을 수 있는 작품은 참 많다. '그리운 건 거기 다 있다', '눈물 위로 걸어온 시간', '희뿌옇다', '메타세쿼이아', '꽃무릇의 이별법', '첫눈 온다' 등 다양한 소재를 통하여 시인의 내면세계를 끌어온 작품들도 읽어보기를 권한다.

 권옥희 시인의 시편들은 어렵지 않으면서도 사유가 깊고 통찰력이 있다. 이는 체험을 통하여 세상의 이치를 깨닫고 자신만의 방식으로 시를 써온 진정성이 있기 때문이다. 한 번뿐인 이 지구별에서 삶은 나라는 존재를 알고 그 존재가 좀 더 가치 있도록 사람과 사물에 배려해야 한다고 본다. 시인이 시를 통하여 자신과 독자와의 공감대를 형성한다고 볼 때 권옥희 시인의 이번 시집은 충분히 독자에게 그 영양소를 제공하고 있다고 본다. 시인의 세심하면서도 철학적인 배려가 앞으로도 계속 이어지기를 진심으로 바란다.